LA HERENCIA, EL PRECIO DE NUESTRO LEGADO – KIKO MARTZ

Primera edición: Enero 2023

© Kiko Martz

www.kikomartz.com

Edición: Jorge Lavalle de Zamacona

ISBN:

Impreso en HeréNico.

Printed in Mexico.

La Herencia

El precio de nuestro legado

Por Kiko Martz

Índice

Este libro va con todo el amor para mis hijos, ya que cuando los tuve yo no conocía este mundo que hoy les toca, y como padre tengo la necesidad de luchar por ustedes, de luchar por un mundo. ¿De qué sirve que deje dinero, si no hay un mundo dónde vivir?

Quiero agradecer especialmente a mis hijos Kin y Alexa, quienes han sido mi constante apoyo y motor a lo largo de este proceso de escritura. Su amor y apoyo han sido fundamentales para poder completar este libro y llevar mi mensaje al mundo.

¡Quiero agradecer a mi editor, Jorge Lavalle, por la paciencia y por su enseñanza en el paso de este viaje como escritor!

Quiero agradecer a mis padres, ya que sin ellos no pensaría como pienso hoy, con todo y sus altibajos. Quiero decirles que los amo y les agradezco me hayan traído a este mundo. Pero como me enseñaron a través de la vidu, tenemos que dejar el mundo mejor que como lo encontramos.

También quiero agradecer a mis amigos y mentores, quienes han sido una fuente constante de inspiración y sabiduría en mi camino hacia la renuncia de la herencia. Sus consejos y experiencias han sido valiosos en el desarrollo de este libro y en mi propio proceso personal.

Quiero agradecerte a ti, por el conocimiento que me diste cuando coincidimos esa vez que platicamos, competimos, nos caímos, reímos, hicimos negocios y hasta bailamos. Tu eres importante en mi vida y en la de este mundo.

Y a ti, que no hemos coincidido y que ayudas a contribuir a dejar un mejor mundo, gracias, ya que sin ti no habríamos llegado hasta aquí.

Quiero agradecer también a las organizaciones y movimientos que luchan por la justicia económica y social, por su trabajo incansable en el combate contra la desigualdad y la corrupción. Su dedicación y compromiso son una inspiración para mí y para todos aquellos que buscan crear un mundo mejor.

Finalmente, quiero agradecer a todos aquellos que han leído este libro y han apoyado mi mensaje. Juntos podemos crear un mundo más justo y equitativo, donde todos tengamos la oportunidad de ganar nuestro propio dinero y construir nuestro propio futuro. Renunciemos a la herencia y trabajemos juntos para crear un mundo mejor.

Con este mismo amor, les comparto este pensamiento a todas las generaciones que nos tocará luchar y enfrentar este presente para lograr un futuro para todos.

Prólogo

Como padre de dos hijos, renunciar a la herencia fue una decisión difícil, pero necesaria. Entendí que dejarles un gran legado material no era lo más importante para ellos, sino darles las herramientas para crear su propio futuro y construir un mundo mejor.

Renunciar a la herencia es un acto de amor, significa desapegarnos de los bienes materiales y enfocarnos en lo verdaderamente importante: construir un futuro justo y equitativo para las nuevas generaciones.

Significa no dejarles un legado de desigualdad económica y opresión, sino un mundo en el que todos tengan las mismas oportunidades y posibilidades de ser exitosos.

La desigualdad económica y la corrupción son dos problemas graves a los que se enfrenta nuestro mundo, y la herencia es una de sus principales causas. Al renunciar a la herencia, estamos tomando medidas para combatir estos males y dejarles un futuro mejor a las nuevas generaciones.

Es hora de actuar y dejar de esperar a que otros tomen las medidas. Yo ya he tomado la decisión de renunciar a mi herencia, y hago un llamado a todos a hacer lo mismo.

Juntos podemos construir un futuro mejor, donde todos tengamos las mismas oportunidades de vivir en un mundo justo y equitativo.

No esperemos más, ¡actuemos ahora!

Introducción

¡Prepárate para una revolución en tu pensamiento y acción! Este libro es un llamado para renunciar a la herencia y crear un mundo nuevo de oportunidades para todos. Como padre, sé la importancia de luchar por mis hijos y dejar un mundo mejor para las nuevas generaciones. Con este mismo amor, les comparto mi experiencia y pensamiento sobre cómo renunciar a la herencia puede ayudar a combatir la desigualdad y la corrupción que afectan a nuestro mundo.

La desigualdad económica es uno de los problemas más grandes a los que nos enfrentamos. Mientras que algunos viven en la opulencia, otros luchan por sobrevivir. El hambre y la pobreza son consecuencias directas de esta desigualdad.

La herencia es una de las principales causas de la desigualdad económica. A menudo, las personas heredan grandes sumas de dinero y propiedades, lo que les da una ventaja injusta sobre los demás. Al renunciar a la herencia, estamos tomando un paso hacia la igualdad económica y dando a las personas la oportunidad de ganar su propio dinero y construir su propio futuro.

Pero no es solo la desigualdad económica lo que estamos combatiendo al renunciar a la herencia. También estamos ayudando a reducir la corrupción, ya que las grandes sumas de dinero heredadas a menudo se utilizan para sobornar a funcionarios y políticos. Además, al renunciar a la herencia, estamos fomentando una cultura de trabajo duro y esfuerzo, en lugar de depender de lo que otros nos dejen para tener éxito.

No solo es importante renunciar a la herencia, también es importante prepararnos para el futuro del trabajo. La inteligencia artificial y la robótica están cambiando rápidamente el panorama laboral, por lo que es importante que las nuevas generaciones se especialicen en habilidades que son difíciles de automatizar, como el pensamiento crítico, la creatividad, la empatía y la capacidad de trabajar en equipo.

Además de los beneficios económicos y sociales, renunciar a la herencia también tiene beneficios psicológicos y neurológicos. Al renunciar a ella, estamos tomando el control de nuestras vidas y nuestros destinos, en lugar de depender de una herencia para tener éxito. Esto puede mejorar nuestra autoestima y autoeficacia, y aumentar nuestra motivación y sentido de propósito.

Al cambiar nuestra manera de pensar sobre la herencia, también estamos concientizando sobre el cambio climático. La herencia a menudo se relaciona con la acumulación de riquezas y propiedades, lo que puede llevar a un consumo excesivo y un impacto ambiental negativo. Al renunciar a la herencia, estamos adoptando un enfoque más ético y sostenible en nuestras vidas.

Por eso, decidí renunciar a mi herencia el 11 de julio de 2022, tomando un paso valiente hacia la creación de un mundo más justo y equitativo. Fue una decisión difícil de explicar, pero una vez que la tomé, supe que era lo correcto. No podía seguir sosteniendo un sistema que perpetuaba la desigualdad y la corrupción.

No solo significó renunciar a los bienes materiales, sino también a los privilegios y ventajas que me habían sido dados simplemente por nacer en una familia de recursos.

En lo personal, renunciar a la herencia al principio me llenó de terror, de ese pensamiento de ¿qué va a pasar después? Pero lo único que sucedió es que todas las ideas dañinas que tenía preconcebidas de mi familia, de mis amistades, de la sociedad, pude cuestionarlas como individuo, ajeno a una sociedad que está en constante evolución, derivado de un pensamiento que está acabando con nosotros mismos. Me ayudó mucho a entender lo que la mayor parte de la humanidad estamos atravesando.

No solo estoy luchando por el futuro de mis hijos, sino por el de la humanidad entera. Como padre, me preocupa el mundo que les dejaremos a las generaciones siguientes. Quiero un mundo en el que todos tengan las mismas oportunidades, independientemente de su origen o situación económica.

Este es un llamado a la acción para que cada uno de nosotros dé el primer paso para desterrar la desigualdad y la corrupción, para dejar de darle sentido a la vida a través de lo material. No podemos esperar a que otros lo hagan por nosotros.

Es hora de tomar responsabilidad y actuar. ¡Juntos podemos crear un mundo mejor!

Apartado 1
¿De dónde viene la herencia?

Como padre de dos hijos adolescentes, me preocupa mucho el futuro de la humanidad, lo que le depara a mi familia y a las generaciones futuras. Una de las cosas que más me preocupan es cómo el tema de la herencia de bienes materiales nos ha esclavizado a continuar patrones tóxicos, que fomentan la acumulación innecesaria, el desaprovechamiento de los recursos, además de quitarnos la libertad de decidir nuestro camino de vida. Les explico.

La herencia se refiere a la transferencia de activos físicos, como propiedades, dinero, objetos de valor, etc., de una persona a otra después de su muerte. En este sentido, es muy importante para mí asegurarme de que mis hijos entiendan las consecuencias de este acto, que, aunque pudiera sonar disparatado, tienen ramificaciones en todos los ámbitos de nuestra sociedad, ya que más allá de ser un acto aislado, es una manera de pensar.

La historia de la herencia se remonta a las primeras sociedades humanas, donde las normas y tradiciones para la transmisión de bienes a los descendientes eran transmitidas de generación en generación. Con el tiempo, estas normas se codificaron en leyes escritas, y diferentes sistemas se desarrollaron de acuerdo con las sociedades y culturas.

En el antiguo Egipto, por ejemplo, la sucesión de bienes se regía por la ley de la familia, que establecía que los bienes debían ser transmitidos a los hijos del difunto. En la Roma antigua, su derecho civil que establecía que los bienes debían ser transmitidos a los herederos legales, que podían ser los hijos, nietos, hermanos, u otros parientes cercanos.

En la Edad Media, las leyes de sucesión cambiaron entre las diferentes regiones y culturas de Europa. Además, la Iglesia católica tuvo una gran influencia en la sucesión de bienes, ya que ha sido una institución muy poderosa a lo largo de la historia y ha utilizado diversos métodos para evitar la sucesión de bienes y de su poder. Uno de esos métodos es la imposición de la castidad a sus sacerdotes.

La castidad es una práctica religiosa en la que se renuncia a las relaciones sexuales y al matrimonio, y en cambio se dedica la vida entera al servicio de Dios y a la iglesia.

La iglesia ha utilizado esta práctica como una forma de evitar que los sacerdotes dejaran herencia y así mantener el control de los bienes y el poder de la iglesia. Al renunciar a la herencia, los sacerdotes no pueden transmitir sus bienes, y por lo tanto, no pueden crear familias ricas y poderosas que puedan amenazar el poder del clero.

Sin embargo, esta práctica también ha tenido un impacto negativo en la sociedad, ya que ha llevado a la discriminación contra las mujeres y a la opresión de estas, ya que se considera que las mujeres son las únicas responsables de la procreación y de la transmisión de bienes a través de la herencia.

Con la Ilustración del siglo XVIII y el surgimiento de las sociedades democráticas, el derecho de sucesión comenzó a ser regulado por las leyes civiles de cada país. En Europa y América del Norte, este se basó en la ley de igualdad, lo que significa que los hijos, tanto varones como mujeres, reciben una parte igual de los bienes del difunto.

En el siglo XIX, el derecho de sucesión se volvió más complejo con la introducción de las leyes de testar, que permiten a las personas decidir cómo se distribuirán sus bienes después de su muerte. Esto dio lugar a una mayor libertad en la elección de los herederos y ha llevado a la creación de instrumentos legales como testamentos, fideicomisos y testamentos vitalicios. Sin embargo, estos instrumentos legales también han dado lugar a problemas como la desigualdad en la distribución de bienes y la falta de transparencia en la gestión de las herencias.

En mi opinión, es importante que, como sociedad, empecemos a reflexionar sobre cómo podemos garantizar una distribución justa y equitativa de los bienes, en un mundo cada vez más desigual. Me preocupa que mis hijos y las generaciones futuras se vean afectadas por la desigualdad económica y la falta de acceso a los recursos necesarios para vivir una vida plena y realizada.

Es esencial que eduquemos sobre la importancia de la responsabilidad y la justicia en la gestión de los recursos. Esto incluye enseñarles sobre la importancia de la igualdad y la transparencia en la distribución de bienes, y cómo manejar su vida de manera ética y responsable.

También es importante que, como sociedad, empecemos a discutir formas de garantizar una distribución justa de los recursos, ya sea a través de políticas públicas o mediante la creación de nuevos sistemas legales.

Creo que es importante empezar a reflexionar sobre cómo podemos garantizar una distribución justa en un mundo cada vez más desigual, y educar a nuestros hijos para asumir esa responsabilidad.

La herencia y las emociones

La herencia, en su sentido más amplio, incluye no solo los bienes materiales, sino también las creencias, los valores y las emociones que pasamos de una generación a otra. Como seres emocionales, estamos constantemente buscando sentido y propósito en nuestras vidas, y la herencia juega un papel importante en cómo percibimos y entendemos el mundo. Sin embargo, la herencia termina siendo ser una fuerza limitante en nuestra evolución como seres humanos.

Y es que aceptar una herencia significa añadirnos una carga emocional y económica adicional, y en muchos casos, también significa aceptar un legado que no necesariamente deseamos continuar.

La herencia tiene su origen en el miedo. Surgió por el temor a quedarse sin recursos, o a que las generaciones siguientes no puedan procurárselos. Y viceversa, muchas personas creen que sin los bienes y recursos heredados no podrían sobrevivir, y eso genera una gran cantidad de presión para utilizarlos de manera adecuada. Es una forma de actuar guiada por el temor a la incertidumbre y al futuro incierto.

Sin embargo, es importante recordar que la herencia no es necesaria para la supervivencia, y que hay muchas formas de obtener recursos y bienes materiales.

La herencia también puede ser una fuente de conflictos entre familiares. Los miembros de la familia pueden sentir envidia hacia otros, lo que genera tensiones y conflictos. A menudo, estos conflictos se deben a las expectativas y responsabilidades relacionadas con la herencia; por ejemplo, al relacionar la cantidad recibida con el nivel de amor que el padre le tenía a alguno de sus hijos.

Por otro lado, algunas personas pueden experimentar alegría y gratitud al recibir una herencia de sus seres queridos, ya que sienten que están continuando su legado o que están cerca de ellos incluso después de su muerte. Sin embargo, cada persona es única y tiene sus propias metas y deseos, y debería poder decidir hacia dónde dirigir su vida.

En otros casos, las personas pueden sentir una gran responsabilidad al recibir una herencia, ya que sienten que tienen el deber de utilizar esos recursos de manera adecuada para honrar a sus predecesores. Sin embargo, es imposible imitar la visión de otra persona, y tampoco estamos obligados a hacerlo.

Sin herencia, nos liberamos de las expectativas y responsabilidades que vienen con ella, y podemos seguir adelante con nuestras propias metas.

La libertad es un derecho fundamental y una parte importante de la evolución humana. La libertad de pensar, sentir y actuar de acuerdo con nuestros propios deseos y necesidades es esencial para nuestro desarrollo personal y emocional.

Sin embargo, como mencionábamos antes, la herencia puede ser una fuerza limitante, ya que nos obliga a conformarnos con las creencias y valores de nuestros antepasados.

Debemos ser conscientes de las emociones y creencias que nos imponen como herencia, estar abiertos a cuestionarlos, y dejarlos ir si no son beneficiosos para nuestra evolución personal.

La herencia y su impacto en la acumulación de la riqueza

Desde las sociedades antiguas, la sucesión de bienes fue un factor clave en la concentración de la riqueza en manos de unas pocas familias. Esto ha perpetuado el poder económico y social de estas familias a lo largo de la historia, limitando las oportunidades para las personas de menores recursos.

Los datos son alarmantes, según el Banco Mundial, en 1970 el 20% más rico de la población mundial tenía una participación del 70% en la riqueza global, mientras que el 20% más pobre solo tenía un 2%. En cambio, en 2022, de acuerdo con el banco Credit Suisse, el 1% más rico de la población mundial controlaba el 42% de la riqueza global, y el 50% más pobre controlaba solo ¡el 1%!

La herencia también ha sido un factor importante en la desigualdad educativa, ya que una gran cantidad de bienes transmitidos a los hijos de familias ricas les da acceso a mejor educación y oportunidades de carrera, mientras que los hijos de familias de menores recursos no tienen acceso a las mismas oportunidades.

Aunque se han creado mecanismos como los impuestos a la sucesión, las regulaciones que limitan la cantidad de bienes que pueden ser dejados a una sola persona, o los programas de redistribución de la riqueza, la desigualdad económica sigue siendo un problema complejo que viene de la falta de educación, de acceso a servicios básicos, de oportunidades económicas, y de un sistema económico injusto.

Como sociedad, debemos buscar soluciones que promuevan la igualdad económica y la justicia social. Estoy comprometido a educar a mis hijos sobre la importancia de la justicia económica y la necesidad de distribuir los recursos de manera equitativa. También les enseño la importancia de trabajar para construir su propio destino.

Es necesario promover políticas que aseguren acceso a educación y servicios básicos para todos. También es importante abogar por sistemas de impuestos justos que redistribuyan la riqueza y promuevan la igualdad económica. Además, debemos apoyar iniciativas que fomenten la igualdad de oportunidades económicas y fomenten el emprendimiento y el trabajo.

Estamos en un momento crucial en la historia de la humanidad en el que debemos tomar decisiones importantes para asegurar un futuro justo y sostenible para todos. Por eso, en mi vida personal, decidí romper con la cadena de los apegos materiales al renunciar a la herencia y en lugar de eso, trabajar para construir mi propio camino en la vida. Y aquí estoy, dispuesto a trabajar con personas de todas las creencias y orígenes para construir un futuro mejor para mi familia y para toda la humanidad.

El futuro que nos espera: automatización, crisis, falta de oportunidades

Los humanos ya pasamos la revolución industrial, que se caracterizó por un capitalismo desmedido que nos llevó a una desigualdad económica y social nunca vista. ¿Qué nos espera ahora en esta nueva etapa de integración de la inteligencia artificial y robótica en la sociedad?

A medida que la tecnología avanza, se espera un impacto significativo en diversos aspectos de la sociedad, como el empleo, la economía y la forma en que interactuamos entre nosotros.

Sin embargo, la implementación de la inteligencia artificial y la robótica tendrá un impacto enorme en la desigualdad de riqueza. Es cierto que estas tecnologías pueden mejorar la eficiencia y aumentar la productividad, lo que conduciría a un crecimiento económico y una mayor riqueza... pero ¿quiénes serían los verdaderos beneficiados?

La inteligencia artificial y la robótica concentrarían la riqueza en manos de un pequeño grupo de personas o empresas que controlan estas tecnologías. Si los recursos están en manos de unos cuantos, ese "desarrollo" se dará solamente en un nicho cerrado. El acceso a la tecnología sería incosteable para la mayoría, solo unos pocos se podrían beneficiar de ella.

Además, existe el riesgo de que la inteligencia artificial y la robótica reemplacen trabajos humanos. Si a esto le sumamos una recesión global, ¿qué resultados esperamos para los siguientes años?

Los efectos de la herencia complicarán todo. Para empezar, muchas empresas se verán obligadas a reducir sus operaciones o incluso cerrar. Esto traería como consecuencia una oleada masiva de despidos, con las máquinas asumiendo esas vacantes.

En una sociedad donde las personas buscan acumular riqueza y poder, las personas con mayores recursos tendrán una ventaja en el acceso a las últimas tecnologías y la capacitación necesaria para adaptarse a los cambios. Las personas más pobres se quedarán atrás.

Estamos ante una tormenta perfecta, donde las personas que pierdan sus trabajos por la recesión tendrán muchas más dificultades para encontrar trabajo debido a la automatización.

Pero el impacto no solo vendrá desde la tecnología, también debemos considerar los desafíos a los que las nuevas generaciones se enfrentarán si no tomamos medidas urgentes. Esos son solo algunos de ellos.

Cambio climático: este será uno de los desafíos más grandes a los que se enfrentan las nuevas generaciones. El calentamiento global y los fenómenos climáticos extremos tendrá consecuencias devastadoras para el medio ambiente y la humanidad.

Pérdida de biodiversidad: la deforestación, la contaminación, el cambio de uso del suelo y otros factores humanos impactarán enormemente nuestro bienestar

Escasez de recursos: los recursos naturales como el agua, el petróleo, los minerales y los alimentos se están agotando rápidamente. Pronto la escasez derivará en aún más conflictos sociales.

Desigualdad económica y social: esto es consecuencia directa de la acumulación de los recursos, con implicaciones directas para la salud, la educación y la seguridad de las personas.

Inestabilidad política: no solo un ambiente inestable, sino el abuso político directo representa una amenaza para la paz y la seguridad presente y futura.

Es esencial que encontremos soluciones que promuevan la igualdad económica y la justicia social. Como emprendedor, conozco de primero mano la importancia de desarrollar tecnologías que realmente beneficien a toda la sociedad, no solo a un pequeño grupo privilegiado. Debemos ser proactivos y tomar medidas para garantizar un futuro sostenible para las próximas generaciones.

Además, debemos ser conscientes de que la tecnología no es una solución mágica para todos los problemas. La tecnología es solo una herramienta, y que es nuestra responsabilidad tener el control y utilizarla de manera ética y responsable. Debemos ser cuidadosos al adoptar nuevas tecnologías y asegurarnos de que no causen más problemas de los que resuelven. Y eso no puede lograrse si estamos obsesionados solamente en producir más.

Estamos en un momento crítico en el que debemos tomar decisiones importantes sobre el futuro de la humanidad. La idea de que una herencia es la solución a todos nuestros problemas nos ha llevado a una crisis de ansiedad por el futuro. Creemos que, si somos capaces de acumular suficiente riqueza y poder, podremos vivir una vida libre de problemas. Pero mientras no la recibamos, estaremos desprotegidos.

Esa mentalidad nos ha llevado a descuidar el presente y a desconectarnos de las cosas que realmente importan en la vida, como las relaciones interpersonales, el desarrollo personal y el servicio a la comunidad.

Por otro lado, la creciente preocupación de que el avance de la inteligencia artificial y la robótica reemplazará los trabajos humanos ha creado una sensación de incertidumbre y ansiedad en muchas personas que no ven cómo podrán adaptarse a estos cambios.

Además, otras preocupaciones como el empleo, la educación, la salud, las finanzas, las relaciones personales, o el miedo a no lograr metas, también derivan de la sensación de falta de recursos o de la imposibilidad de acceder a ellos.

Estas preocupaciones causan ansiedad y estrés por asegurar el bienestar de nuestros seres queridos y de uno mismo. Sin embargo, esas preocupaciones por lo general no son reales, son hipotéticas ya que existen solo en el futuro. La solución real sería atacar las causas en el presente, sin embargo, estamos distraídos todo el tiempo.

Distracciones, en lugar de acciones

Como padre, me preocupa que las siguientes generaciones caigan en la trampa de la distracción y pierdan su capacidad para enfocarse en sus metas y responsabilidades. La distracción nos cuesta tiempo valioso, que podríamos estar empleando en resolver problemas del presente.

Nuestra naturaleza emocional nos empuja a distraernos para evitar pensar en un futuro negativo, debido a la ansiedad colectiva. A medida que las personas se encuentran con problemas, sienten una sensación de impotencia y ansiedad que las lleva a buscar formas de evadirse. En el pasado, yo mismo, en momentos de incertidumbre, también caí en la tentación de distraerme en lugar de enfrentar mis problemas de frente.

La distracción proporciona una vía de escape temporal de estas emociones negativas en busca de otras placenteras, ante la imposibilidad de conseguir un futuro prometedor. Sin embargo, a su vez impide que se resuelvan los problemas del presente que causarían el futuro catastrófico. Es un ciclo vicioso en el que nos distraemos para evitar pensar en los problemas, pero al final, estos problemas siguen existiendo y pueden empeorar.

En el mundo actual, las distracciones las tenemos en todas partes. Cuando más problemas ha habido, es cuando han surgido las mayores fuentes de distracción modernas: vendehumos, falsos influencers, reggaeton, TikTok, Youtubers, etc. Antes, la distracción venía desde arriba, desde el gobierno, televisoras, Hollywood; ahora, con la tecnología todos somos una fuente potencial de distracción. Hoy más que nunca, es alarmante cómo las redes sociales han aumentado exponencialmente la cantidad de fuentes de distracción, y todo por el temor al futuro.

Muchas personas se sienten atraídas por el lujo y el estilo de vida de los "influencers" y celebridades en las redes sociales, lo que crea una mentalidad de gastar dinero en cosas innecesarias para intentar imitar sus estilos de vida.

Sin embargo, muchos de esos personajes no son realmente expertos en lo que hablan o no llevan la vida que publicitan, todo es una pantalla. Eso nos lleva a perder de vista lo importante y a gastar dinero en cosas que no necesitamos realmente.

Con la disponibilidad constante de dispositivos móviles y redes sociales, es fácil caer en la tentación de revisar constantemente las notificaciones y perder el enfoque en las tareas importantes. A medida que todo se hacen más accesible en línea, es fácil perderse en un mar de videos y canciones banales en lugar de enfocarse en tareas importantes.

Irónicamente, la propia tecnología nos ofrece una gran cantidad de opciones para distraernos y evadir la preocupación por nuestra situación financiera o el temor de perder nuestro trabajo.

Las distracciones evitan que adquiramos conciencia sobre riesgos inminentes. Por ejemplo, muchas personas no están al tanto de la rapidez con la que la inteligencia artificial está reemplazando a los trabajadores humanos, por lo tanto, no tienen la oportunidad de adaptarse o de aprender a adaptarse; o, por otro lado, están acostumbrados a que las soluciones lleguen a ellos, como les llega una herencia.

El futuro de la humanidad está en juego. Así como la tecnología y las redes sociales nos ofrecen una gran cantidad de opciones para distraernos, también son un conducto para conectarnos y trabajar juntos para resolver los problemas del mundo, pero para ello necesitamos una mentalidad desapegada, centrada en el mejoramiento propio y en el bienestar comunitario, que no podemos conseguir mientras sigamos acumulando recursos de forma desmedida.

En lugar de caer en la trampa de la distracción constante, debemos enfocarnos en lo importante. Debemos ser críticos y pensar en las consecuencias de nuestras acciones, trabajar juntos para construir un futuro mejor para nuestros hijos y para la humanidad.

Las distracciones nos desvían de nuestras metas y responsabilidades, llevan a un consumo excesivo y a una mentalidad de gasto. Es importante ser conscientes de ellas y limitarlas para enfocarnos en nuestra misión verdadera: nuestra evolución como seres humanos.

¿Cómo podemos enfrentar el presente?

Si el presente nos causa tanta ansiedad, ¿cómo podemos adquirir el valor para enfrentarlo, en lugar de buscar distracciones para evadirlo, que solo empeoran las cosas? Porque no solo no estamos abordando los problemas, también nos alejamos de nuestras metas y responsabilidades.

Renunciar a la herencia nos libera para procurar nuestra salud, en todos sus ámbitos. Las distracciones no deben confundirse con actividades saludables que promuevan nuestro bienestar. Por ejemplo, la meditación, el yoga y el ejercicio son excelentes formas de reducir el estrés, desviar la atención de pensamientos ansiosos y reducir los niveles de estrés para funcionar mejor.

Es fundamental aceptar nuestras emociones, tomar acción y establecer metas a corto plazo para alcanzarlas. Esto nos permite sentir un mayor control y nos ayuda a enfocarnos en el presente. Si en el presente estamos mal, si estamos cometiendo abusos, si somos apáticos ante el estado del mundo, al ver hacia el futuro nos da ansiedad por lo que pueda venir, mientras al mirar hacia el pasado nos sentimos culpables por las decisiones que tomamos o las acciones que no tomamos.

Sin embargo, es importante recordar que el presente es lo único que tenemos realmente y es en el presente donde podemos tomar acciones para mejorar nuestra situación.

Una forma de superar esta ansiedad y culpa es enfocarnos en trabajar en nosotros mismos y en el bienestar de la humanidad. Esto puede incluir trabajar en mejorar nuestra salud física y mental, educándonos a nosotros mismos y a los demás, y trabajando para reducir las desigualdades y la discriminación. Al hacer esto, estamos tomando acción para mejorar nuestra propia vida y la vida de los demás, en lugar de sentirnos impotentes ante el futuro incierto.

Además, es importante recordar que no podemos controlar el futuro. No podemos predecir lo que va a suceder, pero podemos controlar cómo reaccionamos a ello. En lugar de preocuparnos por lo que pueda venir, debemos concentrarnos en lo que podemos controlar en el presente y trabajar para hacerlo lo mejor posible. Esto nos ayudará a superar la ansiedad y la culpa, y nos permitirá enfocarnos en lo que realmente importa: nuestra propia felicidad y el bienestar de los demás.

Es crucial enfrentar el presente de manera proactiva y consciente. Debemos encontrar formas saludables de manejar nuestras emociones, tomar acción y establecer metas a corto plazo. Debemos educarnos sobre los problemas que enfrentamos como especie y tomar medidas para abordarlos. Solo así podremos enfrentar el futuro con esperanza y confianza.

La herencia como una idea "cáncer"

La herencia es una idea "cáncer" que socava nuestra sociedad. Como viajero y estudioso de culturas de todo el mundo, he visto cómo la concentración de riqueza y bienes en unas pocas manos promueve el deterioro social y fomenta una mentalidad individualista en lugar de trabajar por el bien común.

La idea de la herencia ha tomado raíces profundas en nuestra sociedad, y su eliminación no será fácil. Como un cáncer, ha sido capaz de propagarse a través de todas las esferas de la vida, desde la economía hasta la política y la cultura. Esto significa que, para erradicarlo, se requerirá un tratamiento igual de agresivo.

Debemos cuestionar y desafiar las creencias y normas sociales que promueven la acumulación y la preservación de la riqueza a través de las generaciones. Esto incluye el examen de nuestras propias creencias y acciones, y cómo contribuyen a perpetuar esta mentalidad.

La herencia es un desequilibrio en el sistema, ya que concentra una gran cantidad de riqueza en unas pocas manos, que termina promoviendo el deterioro social, de la misma manera en que un cáncer es un desequilibrio en el cuerpo, ya que crece de manera incontrolable y termina contaminándolo por completo.

Acaparar riqueza y bienes de forma desmedida a través de la herencia fomenta una mentalidad individualista, donde las personas se enfocan en acumular para su propio beneficio, en lugar de trabajar para el bien común.

La herencia elimina el esfuerzo y la motivación para alcanzar el éxito, ya que algunas personas pueden sentir que este está determinado por su herencia y no por su esfuerzo. Esto crea una sociedad desigual, donde algunas personas tienen una ventaja injusta debido a su riqueza heredada, en lugar de ser recompensadas por su arduo trabajo y esfuerzo.

No quiero que mis hijos crezcan en un mundo donde el futuro está determinado por la herencia, y no por el esfuerzo y la dedicación. Por eso tomé la decisión de renunciar a la mía, para dejarles solamente un ejemplo de trabajo por un mundo mejor. Me gustaría que nuestros líderes, organizaciones, y quien esté dispuesto a escuchar, hicieran eco de este libro, para así desarrollar un pensamiento que ayude a crear un futuro más justo para todos.

La herencia como una ilusión

Quiero dejar algo muy claro: la herencia es una ilusión, no una realidad.

Aunque muchas personas creen que la herencia es la clave para el éxito y la felicidad, la realidad es que no es la solución a los problemas económicos y sociales.

La verdadera felicidad viene de la autodeterminación y la realización de metas y sueños. Esto significa que debemos trabajar en nosotros mismos todos los días y desarrollar habilidades para tener éxito en la vida.

La herencia es una ilusión ya que se cree que, al heredar una gran suma de dinero o propiedades, se puede alcanzar el éxito y la felicidad. Sin embargo, la mayoría de las personas no heredan grandes sumas de dinero o propiedades, y aquellos que lo hacen, a menudo se enfrentan a problemas como la falta de motivación, la falta de habilidades y la dependencia económica. Esto les impide alcanzar sus objetivos y lograr sus sueños. Por eso también me parece la mejor decisión no dejar una herencia material a mis hijos, no quiero que se conviertan en dependientes.

En lugar de depender de la herencia, debemos trabajar juntos para crear un mundo más justo y equitativo, donde todos tengamos la oportunidad de ganar nuestro propio dinero y construir nuestro propio futuro.

Es hora de renunciar a las herencias

Si los efectos de la herencia nos están conduciendo a un futuro negativo, lo lógico para evitarlo sería deshacernos de ella.

Eliminar la herencia es tomar el control de nuestras vidas y nuestro futuro. No se trata de un movimiento con tintes socialistas o revolucionarios. Se trata de liberarnos de la idea de que nuestro destino está sellado por una herencia material o económica, de la presión de tener que vivir a la sombra de un legado material, impuesto por otra generación, y en su lugar podernos enfocar en nuestro desarrollo personal. Quizá suene complicado en este punto, pero lo iremos desglosando.

Yo mismo decidí poner el ejemplo y renunciar a la herencia de bienes materiales. Eso no significa renunciar a trabajar, o a generar dinero o dejar de ser nuestra mejor versión. Para mí, significa tener la libertad y el compromiso de ser yo mismo y enfocarme en ser exitoso, en lugar de depender de lo que pueda recibir de mi familia después de su muerte.

De hecho, si lo pensamos bien, la herencia se ha convertido en un culto a la muerte. En lugar de centrarnos en disfrutar de nuestras vidas y las de nuestros seres queridos mientras estamos vivos, nos enfocamos en esperar su muerte para obtener beneficios económicos.

Esta mentalidad nos lleva a desarrollar una relación tóxica con la muerte y a valorar más las posesiones materiales que las relaciones personales.

Estamos convirtiéndonos en una sociedad en la que las personas mayores son vistas como una carga económica, en lugar de ser valoradas por su sabiduría y experiencia. Una en donde trabajamos toda la vida para acumular riquezas con el fin de dejarlas a nuestros seres queridos cuando mueran, en lugar de disfrutar cada uno el fruto de nuestro trabajo en vida.

La eliminación de la herencia no solo ayudaría a romper con esta mentalidad tóxica, sino también a fomentar una sociedad donde las personas sean libres de tomar decisiones sobre su futuro sin estar atadas a la idea de dejar un legado material; sería un paso hacia la libertad y la vida plena.

Eliminar la herencia significa renunciar al apego de creer que otros usarán para el bien la humanidad las herramientas y recursos que les dejemos tras nuestra muerte, de la misma forma en que nosotros lo haríamos. Al no poder asegurar que esas herramientas no serán utilizadas para el mal, no deberían pasar de generación en generación solo por capricho, sino que deberían regresar a lo sociedad para que las tomen quienes tengan el conocimiento y la vocación correctos para sacarles mayor provecho.

Por otro lado, renunciar a la herencia también significa desapegarse de la idea de que nuestra riqueza y recursos materiales son lo que nos define como individuos y como familia. A mí me ha permitido enfocarme en lo que realmente importa: mi salud física, mental y espiritual, mis relaciones con los demás, mi contribución a la sociedad y mi verdadera vocación.

Además, renunciar a la herencia es una forma de contribuir a la creación de una sociedad más justa y equitativa. Al no pasar de generación en generación grandes cantidades de riqueza y recursos, se permite que las oportunidades económicas y políticas estén disponibles para una variedad de personas, y no solo para un pequeño grupo privilegiado. Eso ayuda a reducir la desigualdad económica y promover la justicia social.

Sin embargo, sé que renunciar a la herencia es una decisión difícil y no todos pueden hacerlo de un día para otro. Pero, como alguien que ya ha tomado esta decisión, puedo decir con certeza que ha sido una de las mejores decisiones que he tomado en mi vida. Ha sido un proceso de liberación y crecimiento personal, en el cual me he dado cuenta de que el verdadero éxito no proviene de la posesión de bienes materiales, sino de la realización de nuestros sueños y metas, de la construcción de relaciones significativas y de nuestra contribución a la sociedad.

Por cierto, también hay que recalcar que renunciar a la herencia no significa que no podamos dejar nada a nuestros seres queridos, sino más bien podemos elegir dejarles algo más valioso, como valores, lecciones y experiencias. Podemos enseñarles a ser independientes y a trabajar para lograr sus metas, en lugar de depender de una herencia para alcanzarlas.

Renunciar a la herencia tampoco significa que no podamos tener logros económicos y materiales. Significa que podemos alcanzarlos a través de nuestro propio esfuerzo y dedicación, a triunfar de verdad, en lugar de depender de una herencia para alcanzarlo.

Si esto suena tan bien, ¿por qué no lo hemos hecho? Porque siempre hay obstáculos que hacen difícil cambiar nuestra manera de pensar y actuar. Entre estos se encuentran:

- Falta de conciencia
- Comodidad / distracciones
- Desinformación e ignorancia
- Falta de motivación
- Liderazgo ausente
- Falta de acción colectiva

Analicemos. Si las personas reciben una gran cantidad de bienes heredados, no sienten la necesidad de trabajar duro o hacer sacrificios para mejorar sus vidas. No hay acción, ni liderazgo.

Si reciben un gran patrimonio heredado, no buscarán emprender ni crear negocios, lo cual limita su capacidad para pensar de manera innovadora. No se sentirán motivados para tomar iniciativas y arriesgarse, atrofiando su capacidad de pensar de manera creativa y de resolver problemas en favor de la comodidad.

Con un gran patrimonio heredado, nadie siente la necesidad de ser consciente de la desigualdad económica y social, deteniendo el cambio en la manera de pensar sobre la justicia y la igualdad.

Debemos desterrar todos estos vicios para que sea posible que se arraigue una nueva mentalidad, centrada en el mejoramiento del mundo.

Recapitulando, renunciar a la herencia es una decisión valiente y liberadora. Es cierto que no es una decisión fácil, pero creo que es necesario si queremos construir un futuro mejor para nosotros y para las generaciones venideras.

50

Apartado 2
Efectos de la herencia
en las personas y familias

Cuando una persona espera recibir una herencia, su pensamiento se atrofia y surgen obstáculos que impiden su desarrollo. Haber convertido la herencia en un mecanismo reconocido y regulado por las leyes ha traído una serie de problemas considerables, como desigualdad económica, competencia desmedida, desincentivos al trabajo, evasión de impuestos y perpetuación de la injusticia social, cuya solución ahora es más complicada.

En mi caso, puedo decir con firmeza y seguridad que renunciar a las herencias ha sido una de las mejores decisiones que he tomado en mi vida. Entendí que la dependencia económica y la ilusión de seguridad que genera el esperar una herencia solo me estaban limitando y afectando negativamente.

Al depender de una herencia, estaba quitándome la motivación para trabajar duro y alcanzar mis metas. Estaba dejando de lado el interés de aprender sobre cómo manejar mi dinero responsablemente y construir mi futuro financiero de manera independiente.

Además, me di cuenta de que la ilusión de una herencia me estaba impidiendo apreciar mi presente. Creía que todo se resolvería en el futuro, y dejaba de lado la importancia de buscar soluciones a los problemas de ahora.

También me di cuenta de que la posibilidad de una herencia me estaba generando una sobrecarga de responsabilidad. Al pensar en cómo manejaría una gran cantidad de recursos, me sentía abrumado y ansioso, lo cual afectaba mi bienestar emocional y físico.

Renunciar a la herencia me permitió desapegarme de aquellos objetos innecesarios, de "valor sentimental", y entender que su valor real debía de ser aprovechado en otros ámbitos, de manera más efectiva, regresando a la sociedad.

Por otro lado, me di cuenta de que la herencia también podía generar conflictos familiares, por ejemplo, con mis hermanos, especialmente si no se dejaba un testamento claro o si había disputas sobre quién debía recibir qué bienes. Preferí no tener que deberle nada a nadie. Siempre he sido un hombre emprendedor, y renunciar a la herencia me permitió desarrollar mis habilidades empresariales y emprender proyectos que realmente me apasionan.

He visto tantos casos donde una herencia elimina todo trazo de humildad, suplantándolo con sentimiento de superioridad frente a los demás; es terrible. Y más porque suele terminar con la pérdida oportunidades para desarrollar habilidades y adquirir experiencias valiosas. Al creer que se recibirá una herencia, la gente no busca realizarse como profesionales o como personas en ámbitos de su verdadero interés. Empiezan a desperdiciar su vida.

Por otro lado, la herencia evita que la gente realmente se conozca a sí misma. Es una distracción que evita que las personas se enfrenten a sus propias habilidades y limitaciones.

Cuando una persona se siente segura de que tiene un futuro económico asegurado, es menos probable que se esfuerce por desarrollar su talento y encontrar su vocación. Se conforma con vivir de la herencia y no buscar su verdadero potencial.

Además, la herencia también crea una sensación de complacencia, que mata el deseo de crecer como individuo y tomar responsabilidad de su vida.

Una persona que hereda riqueza o un estatus social elevado carga con expectativas para comportarse de ciertas maneras o alcanzar ciertos logros. Muchos se ven obligadas a seguir un modelo impuesto por la sociedad o por sus familias, en lugar de seguir sus verdaderos deseos y metas.

Con la herencia, me di cuenta de que yo también estaba viviendo en ese molde impuesto. Me di cuenta de que había estado preocupado por cumplir con las expectativas de otras personas. Renunciar a la herencia me permitió enfrentar desafíos económicos, desarrollar habilidades y cualidades valiosas que me hicieron crecer. Antes, me sentía seguro y cómodo, pensaba que tener una herencia que me ayudaría a resolver mis problemas económicos, pero no fue sino hasta que decidí renunciar a ella que aprendí a ser independiente.

La herencia impone un modelo a seguir: a preservar ciertos bienes, a asumir un liderazgo, a tomar un trabajo, etc. La mayoría se mantiene en este sistema por miedo al cambio, que siempre es incierto e impredecible; les pesa más el qué dirán o el efecto que tendría en su vida social.

La herencia crea una sensación de superioridad y de comparación constante con otros que tienen las mismas ventajas, en un deseo de encajar socialmente, y eso acaba socavando la confianza en uno mismo. Al renunciar a la herencia, eliminamos esa sensación y podemos enfocarnos en valorarnos a nosotros mismos y a ser humildes.

Por otro lado, con la ventaja injusta de una herencia no hay necesidad de enfrentar los mismos desafíos económicos que otros, atrofiando el desarrollo de las habilidades y cualidades nos harían crecer como personas.

La herencia como sentido de la vida

Ya que la herencia se refiere a la transferencia de bienes y propiedades de una persona a otra después de su muerte, se da a entender que cuando una persona hereda dinero, eso le da un sentido a su vida, al brindarle una sensación de tener todo resuelto y de poder de alcanzar todas las metas y deseos personales.

Sin embargo, por experiencia propia puedo afirmar que el dinero y los bienes materiales no dan un verdadero sentido a la vida, sino que solo nos alejan de las cosas que realmente importan: las relaciones, las experiencias y contribuir a la evolución de la humanidad.

Renuncié a mi herencia porque me di cuenta que había estado viviendo con una mentalidad errónea. Los bienes materiales heredados nos hacen sentir que continuamos el legado de nuestros predecesores, o que esos recursos servirán para resolver nuestra vida o la de nuestra familia, ambos conceptos totalmente equivocados.

Muchas personas se enfocan en acumular riqueza a lo largo de su vida con el objetivo de dejar una gran herencia a sus seres queridos. Sin embargo, ¿de verdad este enfoque en la acumulación continua conduce a una vida plena y satisfactoria?

Esa obsesión por acaparar riqueza aleja a las personas de las relaciones y experiencias importantes, y no garantiza la felicidad y la realización personal. Se necesita un equilibrio entre trabajar duro para alcanzar metas y disfrutar de la vida en el presente.

Para desprendernos de este patrón de pensamiento, tan arraigado, hay varias estrategias que resultan muy útiles. Yo tuve que hacer un esfuerzo consciente para cuestionar mis pensamientos y creencias.

También tuve que buscar nuevas formas de dar significado a mi vida, desarrollando relaciones significativas, involucrándome en actividades gratificantes y buscando formas de contribuir a la comunidad y al mundo en general.

Buscar asesoramiento o terapia también ayuda para trabajar en patrones de pensamiento y comportamiento arraigados para encontrar nuevas formas de enfrentar y superar los desafíos.

A mí me sirvió mucho documentarme, ponerme a leer e investigar todo lo que pude sobre las consecuencias negativas de la herencia. También empecé practicar la gratitud y el agradecimiento, a cuidar mi salud, y buscar inspiración en aquellos que han encontrado formas creativas de dejar un impacto positivo en el mundo.

Al renunciar a mi herencia, aprendí a valorar las relaciones y las experiencias importantes, y a encontrar nuevas formas de dar significado a mi vida, a desarrollar habilidades y cualidades que me ayudaron a crecer como persona.

Aprendí a ser más independiente, a ser más humilde y a ser más generoso. También a ser más consciente de mis pensamientos y creencias, y a cuestionar si realmente conducían a una vida plena y satisfactoria.

Creo que es importante que cada uno de nosotros tome medidas para mejorar nuestra propia vida y la de los demás. Es necesario dejar de lado el enfoque en el acaparamiento y la acumulación de bienes materiales. Juntos podemos hacer una diferencia real en la humanidad y en el planeta.

La herencia y su impacto en los hijos

¿Qué ejemplo estamos dando al heredar, o al aceptar una herencia? ¿Qué mensaje transmitimos como padres al dejarles -o no- una herencia a nuestros hijos?

Cuando dejamos una herencia, les damos un sentido falso de seguridad financiera, lo cual les quita la motivación para trabajar duro y lograr sus metas. También los vuelve dependientes financieros y contribuye a la creación de una mentalidad de "gastar sin medida", ya que no tienen la necesidad de ahorrar o invertir.

Además, el dinero puede ser mal administrado si el hijo no tiene las habilidades o los valores necesarios para manejarlo de manera efectiva. La herencia también puede propiciar conflictos familiares, por ejemplo, si los hermanos no reciben la misma cantidad cada uno.

Si como padres hemos tenido una vida exitosa, podemos ser unos guías para nuestros hijos. Sin embargo, es importante tener en cuenta que cada persona es única y tiene sus propias metas y deseos. Por lo tanto, aunque podamos ofrecer una orientación valiosa, los hijos deben establecer sus propios objetivos y encontrar su propio camino hacia el éxito.

Entonces, ¿por qué insistimos en heredarles empresas o puestos de trabajo?

Imaginemos que, tras la muerte de Michael Jackson, sus fechas de conciertos se hubieran transferido su hijo. O que luego de que muriera Steve Jobs, su hijo se hubiera convertido en CEO de Apple. Sin embargo, en estos ninguno de los herederos tiene las credenciales de sus padres, y aunque las tuvieran, no tendrían por qué tener la obligación de seguir sus pasos, ni tampoco son sus equivalentes.

Es importante cuestionar la lógica detrás de la herencia de empresas o puestos de trabajo. El talento y la visión empresarial no son características que se puedan simplemente transferir de una persona a otra, mucho menos a través de la herencia de un negocio o empresa. La capacidad intelectual, artística o de negocios no se transfieren junto con los bienes materiales.

En el caso del talento, este es algo que se desarrolla a través de la práctica y el esfuerzo. Cada persona tiene su propio conjunto único de habilidades y habilidades, y es importante que cada individuo desarrolle y utilice sus propios dones.

En cuanto a la visión empresarial, esta es una combinación de habilidades y cualidades únicas que incluyen creatividad, pensamiento estratégico, capacidad de tomar decisiones y capacidad de liderazgo. Estas cualidades son difíciles de transmitir y no están garantizadas aun yendo a la sucesión de un negocio. Cada persona tiene su propia visión y puede tener un enfoque diferente en cómo llevar a cabo una empresa.

Entonces, ¿qué podríamos dejarles como padres a nuestros hijos para garantizar su bienestar, en vez de una herencia material? ¿Qué legado podemos transmitirles?

En lugar de dejar una herencia, debemos enseñarles valores y habilidades que los ayuden a realizar sus sueños, tales como la responsabilidad, el trabajo, el pensamiento crítico, la creatividad y la capacidad de tomar decisiones. Es importante también que les demos un buen ejemplo de vida. Podemos brindarles un mundo mejor, trabajar para mejorar las condiciones económicas, sociales, y sistémicas, construir un ambiente donde puedan conseguir el éxito. De esta manera, dejaremos un legado verdaderamente positivo que los beneficie a ellos y a las generaciones que les sigan.

Apartado 3
La herencia y su impacto
en la economía y desarrollo social

La herencia es el origen de muchos problemas actuales. Propicia la desigualdad no solo a nivel individual o familiar, sino que, a nivel mundial, afecta el ámbito económico y político, y es una de las principales causas de la concentración del poder y la riqueza. Si renuncié a la herencia de bienes materiales, es porque no quiero perpetuar ese ciclo de acumulación de poder en unas pocas familias.

Por ejemplo, en algunos países de Oriente Medio, los líderes políticos heredan sus puestos de sus padres, lo que lleva a la concentración del poder y la riqueza. Esto ha llevado a desigualdades económicas y políticas significativas.

En economías emergentes, como China, India o Rusia, algunas familias acumulan grandes riquezas gracias a su posición privilegiada. Esto ha llevado a una concentración de la riqueza y la proliferación de la corrupción.

En países de América Latina, la tierra y los recursos naturales son controlados por un pequeño grupo de familias ricas, causando desigualdades económicas significativas y falta de oportunidades para la mayoría de la población.

La corrupción es una consecuencia directa de la herencia. Cuando las personas con grandes riquezas e influencia económica tienen el poder para modificar las políticas gubernamentales, las tuercen para beneficiar sus intereses personales. Por ejemplo, a través del soborno para la eliminación de regulaciones, la obtención de contratos públicos, y la eliminación de impuestos. Sus intereses económicos siempre estarán por encima de los de la mayoría.

El dinero se utiliza para generar más dinero, pero ese capital permanece en manos de una sola familia a través de las generaciones, aumentando también su poder, pues cuentan con la solvencia suficiente para evadir o minimizar las consecuencias legales de sus actos.

Por otro lado, es difícil dar un porcentaje exacto de la población mundial que tendrá derecho a algún tipo de sucesión de bienes. Sin embargo, es muy seguro que la mayoría de las personas en los países desarrollados tengan alguna herencia, ya sea a través de leyes civiles o testamentos.

En cambio, en los países en desarrollo, es probable que la situación sea diferente por a la falta de acceso a servicios legales, educación financiera, y a una menor capacidad de planificación para dejar testamentos.

Sin embargo, ¡esto es una oportunidad! Al no poder recibir una herencia se abren las puertas al verdadero desarrollo. Aquellas regiones mal llamadas "tercer mundo", donde la gente, por la misma falta de recursos o infraestructura, no recibe nada de nadie, tienen en sus manos el momento para crear un modelo social que priorice el bienestar, tanto individual como colectivo, por encima de lo material.

Esto nos conviene ya que las personas que no tienen acceso a una herencia tienen una motivación más grande para lograr sus metas, al no tener la vida arreglada. Por lo tanto, echan mano de la creatividad para resolver problemas y crear soluciones innovadoras. Son más resistentes ante las adversidades, ya que están acostumbradas a enfrentar desafíos. Y al mismo tiempo, pueden apreciar más las cosas que tienen y las oportunidades que se les presentan, al haber luchado de más para obtenerlas.

Pero lo más importante es que las personas que no tienen acceso a una herencia son más independientes y autónomas, al no depender de la ayuda financiera de otros, como de los gobiernos populistas Son capaces de tomar sus propias decisiones e impulsar una sociedad más democrática.

En lugar de dejar una herencia material, prefiero enseñar a mis hijos el patrón para tener éxito en la vida. Quiero que se conviertan en ciudadanos libres, que no estén atados a las consecuencias negativas de una herencia. Quiero que evolucionen como individuos y aporten a la sociedad de la mejor manera en que ellos decidan.

La herencia y la acumulación desmedida de la riqueza

La herencia juega un papel central en la acumulación desmedida de la riqueza. Cuando una persona hereda un gran capital, este suele utilizarse para generar más, lo cual desencadena un patrón de acumulación de la riqueza a lo largo de generaciones.

Esto causa a una concentración de la riqueza en un pequeño grupo de personas y desigualdades económicas significativas en la sociedad, perpetuando la desigualdad económica, en lugar de ser utilizada para ayudar a aquellos que realmente la necesitan. Esto es algo inaceptable y que debemos cambiar.

Como ya habíamos mencionado, el miedo a la pobreza está en el centro de la acumulación desmedida de la riqueza y en la corrupción. Cuando las personas sienten que no tienen suficientes recursos para cubrir sus necesidades básicas, sienten una gran presión para acumular de manera desmedida, con el fin de asegurar su seguridad financiera a largo plazo. Esto lleva a comportamientos irresponsables y a la adopción de medidas poco éticas, como evadir impuestos o aprovecharse de los demás.

Algunos economistas argumentan que la herencia es menos relevante en la desigualdad de la riqueza de lo que se cree, ya que la mayoría de la riqueza se acumula a través del trabajo y la inversión. Pero cuando el fruto de ese trabajo se queda desaprovechado dentro de un mismo círculo pequeño a través de las generaciones, este sigue contribuyendo a la perpetuación de la desigualdad.

Por otro lado, las leyes y políticas tienden a favorecer a las personas con mayores recursos económicos. Por ejemplo, algunas normas fiscales benefician a las personas con mayores ingresos, y algunas políticas pueden no ser tan efectivas en redistribuir la riqueza o en proporcionar oportunidades económicas a las personas de bajos ingresos.

La herencia limita la evolución social. Fomenta comportamientos irresponsables y poco éticos, como la corrupción y el derroche. Cuando los recursos se quedan dentro de un grupo pequeño, se impide que personas con nuevas ideas y soluciones innovadoras tengan acceso a los recursos necesarios para llevar a cabo su trabajo.

Esto permite que la injusticia se salga de control y limita el crecimiento, el progreso y la democracia en la sociedad.

"El pobre es pobre porque quiere"

La frase "el pobre es pobre porque quiere" es un estigma falso y peligroso, que, por desgracia, al menos yo oigo muy seguido. Después de años emprendiendo, viendo lo que ello implica, puedo decir con certeza que la pobreza no es una elección. Muchas personas en situación de miseria no tienen las mismas oportunidades y recursos para mejorar su vida.

La verdad es que el trabajo duro no garantiza el éxito económico. Muchas personas trabajan incansablemente, pero no logran salir de la pobreza debido a barreras estructurales como la discriminación, la falta de educación, la falta de acceso a servicios básicos y la falta de oportunidades laborales. Estas barreras son el resultado de un sistema económico y social desigual, y son producto del apego a los bienes materiales.

Además, la discriminación y la falta de políticas adecuadas para redistribuir la riqueza y proporcionar oportunidades a las personas de bajos ingresos también juegan un papel importante en perpetuar la desigualdad económica.

Resolverlo requiere un enfoque integral y un esfuerzo colectivo para abordar las causas de manera que podamos proporcionar oportunidades para mejorar las condiciones de vida de las personas. Es decir, eliminar la herencia y el pensamiento individualista y materialista.

Los medios de comunicación nos engañan. Nos presentan historias de "éxito" de personas que han logrado hacer mucho dinero, pero no proporcionan una imagen precisa de las dificultades superadas, los privilegios previos, y las coyunturas socioeconómicas que circuncidan estos casos. Me preocupa mucho que estas historias sean presentadas de manera selectiva, y que nuestras nuevas generaciones se vean atraídas por una mentalidad de consumismo desmedido.

El éxito no se mide por la cantidad de dinero que uno tenga. La verdadera riqueza se encuentra en las relaciones, en la familia, en el trabajo, en el amor, en la paz y especialmente en la salud. En cómo ayudamos a los demás y cómo contribuimos a construir un mundo mejor. La vida no es acumular bienes materiales, sino experiencias y recuerdos valiosos.

Sin embargo, a los nuevos ricos les han enseñado a gastar sin pensar; esa mentalidad es la que nos transmiten y los llevará a ser pobres de nuevo. Es muy diferente la visión de alguien que se dedicó a generar riqueza, porque así lo eligió, por su propia visión y vocación, que la de alguien que simplemente la recibe, o que nació en el privilegio, y no tiene la misma disciplina, humildad y compromiso con una meta.

Por otro lado, el verdadero problema de la acumulación desmedida de la riqueza está en los "viejos ricos", aquellas personas o familias que han acaparado una gran cantidad de riqueza a lo largo de varias generaciones, a menudo a través del negocio familiar.

Estas personas o familias son conocidas por tener una gran influencia político-económica, y a menudo son criticadas por perpetuar la desigualdad a través de la acumulación de riqueza y el abuso, diseñando políticas que les beneficien a ellos.

Mientras estas injusticias sigan en pie, las nuevas generaciones no tendrán verdaderas oportunidades para desarrollarse. Los "viejos ricos" seguirán controlando negocios y propiedades importantes, limitando las oportunidades para las personas en otros estratos sociales.

La herencia fue impuesta a lo largo de la historia por este tipo de abusadores, que buscaban oprimir y explotar a los menos favorecidos. Tiene sus raíces en la desigualdad económica y en preservar la falta de oportunidades para aquellos que no pertenecen a las élites.

Estos han usado la institución de la herencia para perpetuar su poder a través de las generaciones, en lugar de permitir que los recursos regresen a la sociedad de manera equitativa.

La "carrera por la riqueza" es un engaño, una mentira que nos han vendido para mantenernos en una constante competencia y desesperación. El dinero no debería ser nuestra meta final, sino un medio para alcanzar un objetivo más importante: construir un mundo mejor para nosotros y nuestras próximas generaciones.

Mientras lo material sea la meta, esta nunca se cumplirá. Mientras sigamos persiguiendo el dinero, nunca lo alcanzaremos. Siempre habrá alguien más rico, alguien más exitoso, alguien más con más cosas. La meta no existe.

Pero no es solo eso, esta carrera también nos lleva a pisotear a los demás, a tumbar a todo aquel que se atraviesa en nuestro camino. Los viejos ricos están kilómetros adelante, acaparando riqueza y poder a través de generaciones. Los nuevos ricos corren desesperadamente tratando de alcanzarlos, mientras las clases medias solo miran con envidia y desesperanza, sin estar seguras de poder llegar allí; y los pobres ni siquiera tienen la capacidad de moverse. Es una carrera sin fin, una carrera que nos lleva a olvidar lo verdaderamente importante en la vida.

¿Qué podemos hacer? Cambiar nuestra meta. Dejemos de perseguir el dinero y, en su lugar, enfoquémonos en construir un mundo mejor. Un mundo en el que todos tengamos las mismas oportunidades, un mundo en el que el esfuerzo colectivo y la preocupación por el vecino sean lo más importante. Volteemos nuestra mirada hacia aquellos que no están corriendo, ya sea porque no quieren o no pueden, y ayudémoslos a avanzar. No en competencia, sino para conseguir un futuro que nos beneficie a todos.

La herencia en la época post Covid

La pandemia de covid-19 fue un desafío para toda la humanidad, puso a prueba nuestra capacidad de adaptación y resiliencia. A nivel individual, muchas personas aprendieron a enfrentar situaciones difíciles y a desarrollar nuevas habilidades para sobrevivir. Significó un reinicio del sistema, una oportunidad para abrir los ojos ante las brechas y desigualdades que habían sido ignoradas durante demasiado tiempo.

Sin embargo, a nivel colectivo, la pandemia también reveló nuestras debilidades como humanidad. Mostró cómo todos estamos altamente interconectados y que un solo problema puede crecer hasta tener un impacto devastador en todo el mundo, sin que tengamos la preparación adecuada para enfrentarlo.

El Covid-19 también puso de manifiesto las desigualdades de nuestra sociedad. Muchas personas han sufrido más que otras debido a la falta de acceso a servicios básicos de salud, educación y vivienda. Además, la pandemia afectó de manera desproporcionada a las personas mayores, a las discapacitadas y a las de bajos ingresos. La herencia ha sido un factor clave en esto, al atarnos a lo material, perpetuando el ciclo de pobreza y desigualdad.

El aumento del desempleo dejó a muchas personas sin ingresos. Esto causó una mayor desigualdad, ya que aquellos que tienen recursos suficientes han podido sobrevivir mejor que aquellos que no los tienen. Quienes han heredado grandes sumas de dinero o propiedades tuvieron ventaja para enfrentar los efectos de la pandemia.

La herencia también contribuyó a perpetuar la corrupción y el abuso de poder durante el covid. Muchos de los individuos y empresas con mayores recursos han sido capaces de influir en las decisiones políticas y económicas para beneficio propio, para salvar su pellejo, en lugar de tomar decisiones en pro de la sociedad en su conjunto.

La pandemia también expuso nuestra dependencia de la tecnología para la vida cotidiana. Cambió nuestra forma de vida, hizo que tuviéramos que adaptarnos a nuevas formas de trabajar, estudiar y socializar, en la cuales dependemos de las máquinas y la tecnología. Esto nos obligó a modificar la forma en que pensamos y nos relacionamos con los demás.

A medida que las máquinas y la automatización se vuelven cada vez más presentes, debemos asegurarnos de que estas oportunidades estén disponibles para todos, no solo para aquellos con recursos. Debemos luchar para que la tecnología no reemplace los trabajos humanos, sino más bien sea para complementarlos y mejorarlos.

La pandemia nos mostró la importancia de la solidaridad, de ayudarnos mutuamente, de la salud en todos sus aspectos y de que esta sea accesible para todos. Fue una oportunidad para reflexionar sobre nuestra situación como humanidad, para repensar nuestras prioridades.

Por lo tanto, no podemos seguir perpetuando un sistema en el que solo unos pocos tienen acceso a la riqueza y las oportunidades, mientras la mayoría se queda atrás, sin recursos para reaccionar ante catástrofes globales, y con las máquinas suplantando sus trabajos. Es hora de tomar acción.

LA HERENCIA, EL PRECIO DE NUESTRO LEGADO – KIKO MARTZ

Apartado 4
Hacia la unidad de la humanidad

Aunque hemos evolucionado mucho desde la época de las cavernas hasta la era tecnológica actual, a pesar de todos nuestros avances, hoy nos enfrentamos a una crisis crucial: la falta de unidad. En este momento somos humanos, pero no humanidad. Ese es el siguiente nivel. Por ahora, hemos sido incapaces de trabajar juntos para lograr un bien común. Nos enfocamos en nuestros propios intereses y beneficios personales, en lugar de pensar en cómo podemos ayudar a mejorar la sociedad en su conjunto.

Después de años de "progreso" y de "evolución", vemos los resultados de nuestra manera de pensar: guerras, violencias, feminicidios, corrupción… Seguimos en donde mismo que al principio. Seguimos enfrentando conflictos y tensiones que amenazan nuestra supervivencia como especie. No hay una unidad de pensamiento donde pongamos primero nuestra salud. Una salud que es la humanidad y nuestro mundo, donde todos tengamos acceso a los recursos y servicios necesarios para vivir sanos, y se tenga en cuenta el impacto de nuestras acciones en el planeta; una salud basada en la equidad y la justicia, que promueva la sostenibilidad y el bienestar colectivo. Pero en cambio, priorizamos el dinero…

Hoy, estamos divididos en múltiples grupos con diferentes creencias, culturas y valores, en varias ocasiones irreconciliables. Esta fragmentación ha llevado a la aparición de conflictos y tensiones que amenazan nuestra supervivencia como especie.

La falta de valores morales y la normalización de comportamientos tóxicos en las redes sociales son un claro indicio de que la sociedad se está deteriorando. La intolerancia, el racismo, el odio y la violencia son cada vez más comunes, socavando los cimientos de nuestra civilización.

La acumulación de recursos materiales es un obstáculo para la unidad, ya que crea desigualdades, que a su vez generan conflictos y tensiones en todos los niveles.

Cuando un pequeño grupo de personas posee una gran cantidad de recursos materiales, genera un sentimiento de desesperanza y frustración en aquellos que no los tienen. Entonces, se forman segmentos que se sienten marginados.

Es decir, la desigualdad económica generada por la herencia propicia la envidia y la frustración. Eso crea una sociedad en donde las personas se enfocan en competir entre sí para conseguir más recursos, en lugar de trabajar juntas para lograr un bien común. Ese aumento de la rivalidad entre las personas genera un sentimiento de soledad y aislamiento.

Pensar en recibir o dejar una herencia no solo crea desunión y división, sino que también afecta de forma negativa la mentalidad de las personas.

Al enfocarse en heredar grandes sumas de dinero o propiedades, corremos el riesgo de desarrollar una mentalidad de "yo contra el mundo", creyendo que el éxito y la felicidad provienen de la acumulación de riqueza. Esto puede generar una competencia desmedida entre las personas, que en algunos casos llega a ser destructiva.

Debemos tener presente que el éxito y la felicidad no se consiguen por la posesión de bienes materiales, sino a través de la realización personal y la conexión con los demás. Por lo tanto, es crucial trabajar para cambiar esta mentalidad y fomentar una sociedad más justa y equitativa donde todos tengan las mismas oportunidades para alcanzar el éxito y la felicidad.

Unirnos como la humanidad es esencial para nuestra supervivencia. Sin ello, no podremos enfrentar los desafíos a los que nos enfrentamos como especie. Es nuestra responsabilidad trabajar juntos, más ahora que los desfavorecidos han perdido la voz y el planeta se está debilitando.

Si el mundo no está saludable, ¿por qué no lo hemos cambiado?, ¿qué nos falta?

En primer lugar, falta conciencia y comprensión sobre la importancia de la salud global, tanto física, como espiritual y mental, en todas las decisiones económicas y políticas. Esto incluye la educación sobre temas como sostenibilidad, equidad social y paz.

Es hora de invertir en sistemas de atención médica y educación para aquellos que son desfavorecidos o marginados. También necesitamos transparencia y rendición de cuentas por parte de los líderes para combatir la corrupción.

Hace falta verdadera colaboración y cooperación a nivel global para abordar problemas como el cambio climático y la paz; más inversión, sin fines monopólicos, en investigaciones científicas para hallar soluciones a los problemas actuales y prevenir los futuros.

Debemos trabajar juntos como sociedad para promover cambios en las políticas. Esto incluye participar en movimientos sociales, crear programas comunitarios y la promover leyes que fomenten una sociedad más justa y sostenible.

Probemos nuevas perspectivas y enfoques para abordar problemas antiguos, como incluir la exploración de diferentes culturas y puntos de vista. También ayudaría incorporar nuevas formas de pensar en nuestra vida y reforzarlas a través de la práctica constante. Esto podría incluir la meditación, el yoga o la reflexión diaria.

Por otro lado, el mundo necesita de líderes y mentores que representen los nuevos valores. Estos pueden ser personas en nuestra comunidad, y proporcionar un ejemplo a seguir, y apoyo en el viaje hacia una nueva forma de pensar.

Para una verdadera unión entre la humanidad, debemos dejar atrás nuestras diferencias. Es esencial que dejemos de lado nuestra obsesión por la acumulación de recursos materiales y en su lugar, enfocarnos en la construcción de una sociedad más justa y equitativa.

Debemos adoptar una mentalidad más colectiva y menos individualista, aprender a pensar en términos de "nosotros" en lugar de "yo". Ahí está la clave.

Impacto de la herencia en la evolución humana

Estoy muy preocupado por la falta de oportunidades y de unidad entre la humanidad por culpa de la herencia. Esta ha tenido un efecto desastroso en nuestra evolución como especie.

Al depender de la herencia para nuestro bienestar económico, o al concentrarnos en acaparar recursos por creer que la siguiente generación no será capaz de sobrevivir por su cuenta, nos desalentamos a nosotros mismos de buscar el progreso social y el desarrollo personal.

La concentración de los recursos ha impedido a las personas alcanzar su máximo potencial. La herencia impide el desarrollo económico, la movilidad social, la innovación y la igualdad. Muchas ideas benéficas o revolucionarias se quedan en el limbo.

La herencia ha creado un estancamiento económico al concentrar la riqueza y los recursos en un pequeño grupo de personas, lo que dificulta el desarrollo económico y social de la sociedad, ya que no hay suficientes recursos para invertir en educación, salud e infraestructura.

Además, la falta de movilidad social debido a la concentración de riqueza y recursos en pocas manos impide a los estratos de bajos ingresos mejorar su situación económica.

La falta de innovación también es un problema, ya que las personas de bajos recursos no tienen los recursos para invertir en educación y capacitación, lo cual limita el alcance de la innovación y el progreso científico y tecnológico.

La falta de igualdad económica tiene un impacto desastroso en la calidad de vida de las personas y en la capacidad de evolucionar de una sociedad. La desigualdad conduce a la exclusión social, discriminación y marginación, destruyendo la salud, educación y bienestar de las personas.

Si los recursos están acaparados por efectos de la herencia, más gente se queda sin acceso no solo a oportunidades de superación, sino a satisfacer sus necesidades más básicas.

Y es que el avance científico, tecnológico y filosófico solo es posible cuando se tienen cubiertas las necesidades básicas. Es difícil para las personas concentrarse en el desarrollo de nuevos conocimientos o tecnologías si están preocupadas por sus necesidades de supervivencia, tales como alimento, vivienda, salud, y educación.

Si sus necesidades básicas están cubiertas, las personas tienen la libertad y el tiempo para pensar en problemas más complejos y para buscar soluciones innovadoras. Esto es especialmente cierto en el ámbito académico y científico.

Cuando las personas tienen acceso a una educación de calidad y a una salud adecuada, están mejor preparadas para entender y aprovechar los avances. Esto impulsa el desarrollo económico y social de un país o región, ya que permite a las personas contribuir activamente al desarrollo.

De otra manera, la desigualdad socava la confianza en las instituciones y en la democracia. No solo se queda atascado el individuo, sino la comunidad entera.

Como líderes y mentores, tenemos la obligación de abanderar los nuevos valores y proporcionar un ejemplo hacia una nueva forma de pensar y actuar. Es hora de renunciar a la herencia y a los apegos, y trabajar juntos para garantizar que todas las personas tengan acceso a lo básico para una vida digna y puedan alcanzar su máximo potencial. De lo contrario, seguiremos sin evolucionar.

Apartado 5
Renunciar a la herencia
para cuidar de todos

Ya hablamos de que, para salvar a la humanidad, es necesario que seamos una unidad. Para lograr una sociedad más justa, pacífica y solidaria, debemos dejar de lado nuestras diferencias y trabajar juntos.

Debemos promover el respeto, la tolerancia y la empatía entre las personas, y educarlas en valores morales y éticos para fortalecer la convivencia pacífica. También es necesario tomar medidas para combatir la intolerancia y la discriminación.

La eliminación de la herencia es esencial para alcanzar estos objetivos. La herencia fomenta el egoísmo, la acumulación, el aislamiento y el estancamiento social e intelectual. Eliminando la herencia, todos tendrán que trabajar para conseguir los recursos necesarios para vivir, y podrán hacerlo libremente, de la manera en que ellos elijan, fomentando un mayor enfoque en el esfuerzo y la responsabilidad. Al tener conciencia de lo que implica la realización de una meta, habrá más respeto, empatía y compasión entre las personas.

Al cambiar el enfoque hacia la calidad de vida en lugar de la acumulación de riqueza, valoramos más las relaciones, la salud, el bienestar y el desarrollo personal. Esto contribuye a desarrollar una sociedad más unida y colaborativa.

Además, al no existir una herencia, se promovería la igualdad de oportunidades para todos, reduciendo la discriminación y la desigualdad social, en favor de la inclusión y la diversidad.

El trabajar duro para conseguir lo que necesario también enseña valores como la perseverancia y la determinación, que provocan una mayor comprensión y empatía hacia los demás.

En lugar de enfocarnos en la acumulación de riqueza, debemos enfocarnos en la calidad de vida. Renunciar a la herencia nos permite valorar más las relaciones, la salud, el bienestar y el desarrollo personal. Así tendremos una sociedad más unida y colaborativa, donde las personas se apoyan entre sí para alcanzar sus metas.

¿Qué nos falta desarrollar?

Entonces, ¿por qué no hemos podido eliminar la herencia? ¿Por qué seguimos permitiendo que los recursos estén concentrados en un pequeño grupo de personas, limitando el desarrollo económico y social de nuestra sociedad?

Resolver los problemas globales derivados de la acumulación excesiva es un desafío enorme, que requiere un esfuerzo colectivo y un cambio radical en la forma en que pensamos y actuamos como individuos, organizaciones y sociedad en general. Debemos trabajar de manera proactiva para abordar estos problemas y preparar a las nuevas generaciones.

En esta lucha, la sostenibilidad será esencial para garantizar que las necesidades de las generaciones actuales no comprometan la capacidad de las futuras. Sin embargo, con el sistema de la herencia, se promueve la acumulación de riqueza en un pequeño grupo de personas, lo que, a su vez, fomenta el consumo desmedido y el derroche de recursos naturales.

Necesitaremos responsabilidad colectiva para abordar los desafíos globales, como el cambio climático y la pobreza, pero eso es difícil de lograr con un sistema de herencia, que va de la mano con la competencia desleal y el egoísmo, en lugar de la cooperación.

La innovación será esencial para alcanzar una sociedad más justa. Sin embargo, es difícil para las personas desarrollar nuevos conocimientos o tecnologías cuando están preocupadas por cubrir sus necesidades básicas de supervivencia. Por eso debemos asegurarnos que todas las personas tengan acceso a lo más elemental, ya que solo así podrán tener la libertad y el tiempo para pensar en problemas más complejos.

Debemos impulsar la solidaridad, ya que ayudar a los más vulnerables es fundamental para la evolución de la sociedad. La renuncia a la herencia es una forma de asegurar que todos tengan las mismas oportunidades, independientemente de su origen.

Hacen falta también transparencia y un gobierno abierto, que promuevan la honestidad y la rendición de cuentas en la toma de decisiones. Sin la herencia, habría menos incentivos para acumular riqueza de manera desmedida, lo que a su vez reduciría la corrupción.

La educación es otro punto que debemos fortalecer para convencernos de eliminar la herencia, ya que ayuda a las nuevas generaciones a comprender los problemas que les deparan, y a desarrollar las habilidades y valores necesarios para abordarlos, de esa manera pueden optar por resolvernos en el presente.

Para lograr un mundo más saludable necesitamos un cambio radical en la forma en que pensamos y actuamos como individuos, organizaciones y sociedad en general, que se consigue con una educación en valores. Pero eso no será posible si seguimos obsesionándonos con acaparar riqueza en lugar de construir un mundo mejor.

Cambiar una manera de pensar radical requiere tiempo y esfuerzo. El proceso puede ser desafiante y generar resistencia. Pero si se enfrenta de forma consciente y se trabaja de manera constante, es posible lograr un cambio significativo en poco tiempo.

Todo empieza con renunciar a la herencia

Lo reitero, renunciar a la herencia es el camino para asegurar un futuro mejor. Con esta decisión, nos liberamos de los patrones y creencias que hemos heredado de las generaciones anteriores, relacionados con el uso de los recursos y la elección de nuestro camino de vida.

Nuestras creencias y patrones de pensamiento son producto de nuestra educación, cultura y entorno, pero estas suelen ser limitantes y difíciles de cambiar. Estos patrones están tan profundamente arraigados en nuestra mente, que ni siquiera somos conscientes de ellos. Sin embargo, son una barrera. Por ejemplo, si creemos que nuestra herencia es lo que determina nuestro destino, podemos aceptar pasivamente esa situación y perder la oportunidad de mejorar nuestra vida.

Al renunciar a la herencia, tomamos una perspectiva más crítica, cuestionamos las creencias que hemos asumido como verdades. Sin embargo, esta decisión no significa que estemos negando nuestra historia o nuestras raíces; al contrario, significa reconocer que las creencias y patrones de pensamiento que hemos heredado no son necesariamente universales ni verdades absolutas, sino que podemos libremente cuestionarlos y cambiarlos si es necesario. Esta es una forma de mostrar que somos los dueños de nuestro destino.

Por su puesto que renunciar a la herencia es posible. A pesar de ser un patrón tan arraigado, ya hay personas que han renunciado a sus herencias en favor de organizaciones benéficas, o las destinan a proyectos que ayudan a personas de bajos ingresos a mejorar sus vidas económicas, o tienen la visión para dejar los recursos en las manos mejor capacitadas, o simplemente deciden tomar el control de su vida, sin deberle nada a nadie.

Renunciar a la herencia proporciona una sensación de libertad e independencia financiera, ya que uno no sigue atado a los bienes materiales recibidos. Además, reduce el estrés y la preocupación relacionados con la administración y el mantenimiento de lo heredado, libera de las expectativas, la presión, y la culpa que pueden venir con recibir una herencia. También fomenta una mentalidad de "vivir con lo necesario" y ayuda a desarrollar una mayor gratitud por lo que se tiene.

Sin la atadura de una herencia, el individuo desarrolla un sentido de propósito y significado más allá de la posesión de bienes materiales. Al no estar preocupado por mantener y acumular bienes para pasar a sus descendientes, puede enfocarse en desarrollar sus habilidades, contribuir a la sociedad y alcanzar sus metas personales.

La herencia no es la forma de lograr el éxito, ni la seguridad financiera, ya que una persona puede encontrar su propio camino sin necesidad de recibir bienes materiales en herencia. En cambio, perpetuarla solo fomenta los apegos a los bienes materiales, que nos atan a los patrones elegidos por otros, y mantienen los recursos alejados de quienes verdaderamente los necesitan.

A lo largo de la historia, ha habido varios ejemplos de personas que renunciaron a la herencia, que eliminaron sus apegos a los bienes materiales para vivir una vida más significativa y en armonía con el mundo. Gracias a ello, sus ideas pudieron causar una incidencia gigantesca para evolucionar a la humanidad.

Estos líderes espirituales y filósofos nos enseñan que la verdadera riqueza no está en los bienes materiales, sino en la conexión con los demás y con uno mismo. La renuncia a la herencia no solo ayuda a reducir la desigualdad, sino que también promueve una mayor sensación de comunidad y solidaridad entre las personas.

Por ejemplo, Buda, Jesucristo, Gandhi, o Martin Luther King Jr., son solo algunos ejemplos de personas que han demostrado que es posible vivir una vida significativa y en armonía con el mundo, sin necesidad de aferrarse a los bienes materiales. Estos líderes sociales han dejado un legado duradero a través de sus enseñanzas y acciones, que han inspirado a millones de personas a través de los siglos.

¿Y por qué sus mensajes pudieron llegar tan lejos? La clave de su éxito radicó en su capacidad para ver más allá de los bienes materiales y enfocarse en lo verdaderamente importante: la unidad y la armonía de todos como parte de una sola humanidad.

Eliminar los apegos nos otorga libertad para perseguir nuestros sueños, ser la mejor versión de nosotros mismos y contagiar a los demás de un espíritu bondadoso que los empuje a cambiar.

Sin embargo, para lograr esto, es necesario renunciar a la acumulación de bienes más allá de lo que necesitamos. La eliminación de la herencia es un paso crucial en esta dirección, ya que podremos crear una cultura de solidaridad y ayuda a las personas más vulnerables, al tiempo que promovemos la igualdad de oportunidades y reducimos la discriminación y la desigualdad social.

La herencia como pensamiento nativo

Hoy veo a mi alrededor a jóvenes atrapados en un sistema que les dice que su éxito y felicidad provienen de la acumulación de riqueza, que los obliga a competir depredadoramente contra los demás, en lugar de trabajar juntos para crear un mundo donde todos puedan salir adelante.

Renunciar a la herencia puede cambiar el pensamiento nativo de las personas hacia una mentalidad de dejar un legado no material, es decir, vivir contribuyendo a mundo mejor para las generaciones futuras.

Al renunciar a la herencia, las personas se ven obligadas a pensar en otras formas de dejar un impacto positivo en el mundo. Esto puede incluir trabajar para mejorar la educación, la salud, la igualdad económica, el medio ambiente y otras áreas importantes.

Además, con esta renuncia, las personas pueden desarrollar una mayor conciencia sobre el impacto de sus acciones en el mundo y en las personas a su alrededor. Esto lleva a una mayor realización y compromiso con el bien común.

Por otro lado, sin herencia nos enfocamos en lo que realmente importa en la vida, como las relaciones interpersonales, el desarrollo personal y el servicio a la comunidad.

Beneficios de vivir sin la herencia

Como emprendedor, he vivido una vida llena de retos, he sido capaz de definir y aplicar el patrón del éxito, con muchas lecciones valiosas en el camino. Desde mi punto de vista, el legado más importante que podemos dejar a nuestros hijos no es dinero, sino conocimientos y experiencias. Y la mejor forma de hacerlo es renunciando a la herencia.

En primer lugar, les enseña a las nuevas generaciones el valor del trabajo. Les muestra que los logros no son algo que les venga dado, sino algo que se construyen con esfuerzo y dedicación. Les enseña a ser autosuficientes y a tomar decisiones por sí mismos. Esto les ayuda a desarrollar la confianza y la autoestima necesarias para la vida.

En segundo lugar, renunciar a la herencia les ayuda a desarrollar una mentalidad de crecimiento. En lugar de centrarse en el dinero y los bienes materiales, se enfocan en la construcción de un futuro mejor. Así aprenden nuevas habilidades, buscan nuevas oportunidades y exploran nuevas formas de pensar para convertirse en ciudadanos responsables y exitosos.

Por otro lado, ante la ausencia de una herencia se desarrolla una mentalidad de generosidad. Enseña a valorar lo que se tiene y compartirlo con los demás. muestra que los recursos no son sólo para uno, sino para todos los que nos rodean. Esto ayuda a desarrollar un sentido de responsabilidad y compasión.

Vivir sin una herencia permite disfrutar de la libertad, explorar nuevas experiencias y perseguir sus sueños. No somos responsables de los bienes materiales de nuestros padres, por lo que podemos vivir nuestras vidas sin preocuparnos por los problemas que eso acarrea.

No hay nada más gratificante que ver a nuestros hijos convertirse en adultos responsables y exitosos. Yo como padre, estoy dispuesto a hacer todo lo posible para ayudarles a lograrlo. Por eso renuncié a la herencia, para dejarles a mis hijos un mundo mejor, en lugar crearles un apego a los bienes materiales. No creo que haya algo más valioso que eso.

Somos las "células madre"

Así como hemos dicho que quienes luchan por mantener la herencia son "células cancerígenas" que causan daño y destrucción, otros podemos ser "células madre" y promover la regeneración y el crecimiento.

Es importante ser una "célula positiva" en la sociedad. Eso significa trabajar para mejorar las condiciones de vida de los demás, ser respetuoso y tolerante, y minimizar el daño que causamos a nuestro entorno. Al hacerlo, contribuimos a la salud y al bienestar de la humanidad en su conjunto.

Hay ideas que pueden fungir como células madre regeneradoras. Un ejemplo es la educación, esencial para el desarrollo y crecimiento de las personas y las sociedades. Al educarnos a nosotros mismos y a los demás, desarrollamos nuestras habilidades y conocimientos para ser más productivos, creativos y críticos. Al mismo tiempo, la educación nos ayuda a comprender y apreciar las perspectivas de los demás, lo que ayuda a fomentar la comprensión y la tolerancia.

Sin embargo, la idea más regeneradora es renunciar a la herencia para liberarnos del apego a lo material, y así cada quien pueda buscar el camino que elija. Renunciar a la herencia es una idea "célula madre", ya que ayuda a crear un sistema más justo y equitativo, una sociedad más inclusiva y diversa. Este pensamiento es el que abrirá la puerta a nuestro crecimiento como humanidad.

Al renunciar a las ventajas heredadas, como la riqueza o el poder, se crean oportunidades más igualitarias para todos.

La herencia es una de las principales fuerzas que mantiene a nuestra sociedad dividida y desigual. Muchas personas son arrastradas por el deseo de acumular riqueza y poder, lo que les impide ver el mundo más allá de sus propios intereses. Sin embargo, al renunciar a la herencia, podemos convertirnos en "células madre" que promueven la regeneración y el crecimiento en nuestra sociedad.

Imaginemos un mundo donde todos tienen las mismas oportunidades. Un mundo donde la riqueza y el poder no están concentrados en manos de unos pocos, sino distribuidos equitativamente entre todos. Este es el tipo de sociedad que se puede crear al renunciar a la herencia. Al liberarnos de los apegos a los bienes materiales, ponemos en marcha un proceso de renovación que nos lleva a un futuro más justo y equitativo.

La herencia es una fuerza destructiva que perpetúa la desigualdad y el sufrimiento. Muchas personas viven en la pobreza, mientras que unos pocos acumulan riqueza desmedida. Esto no es justo ni ético, y debemos luchar contra esta desigualdad, para crear una sociedad donde todas las personas tengan las mismas oportunidades de éxito.

Por otro lado, esta idea regeneradora de renunciar a la herencia no es solo ética, sino también práctica. Muchos creen que la herencia es necesaria para la seguridad financiera, pero esto no es cierto. Una persona puede encontrar su propio camino sin recurrir a la herencia. En cambio, mantenerla solo fomenta los apegos a los bienes materiales, que nos atan a los patrones elegidos por otros, y mantienen los recursos alejados de quienes verdaderamente los necesitan.

Solo podemos cuidar de nosotros mismos

Como padre de dos adolescentes, me siento con la responsabilidad de dejarles un mundo mejor. Un mundo donde las oportunidades sean igualitarias, donde no haya barreras para alcanzar el éxito y donde la solidaridad sea una práctica común. Un mundo sin la herencia como un obstáculo para el éxito, uno con oportunidades para crear un futuro.

Eliminar la herencia y los apegos materiales es el primer paso para lograrlo. Como individuos, debemos ser como células madre y trabajar para regenerar el tejido social. Debemos ser conscientes de nuestra propia contribución al problema y tomar medidas para cambiar nuestras acciones.

Sin embargo, es importante tener en cuenta que no podemos controlar el resultado final, y que cambiar una ideología es un proceso que requiere un esfuerzo colectivo. Pero con solo cambiar nuestro pensamiento acerca del problema de la herencia y sus consecuencias, ya empezaremos a crear un impacto positivo en la humanidad.

El cambio debe ser un proceso continuo, debe ser promovido por una variedad de factores, como la educación, la conciencia y la acción.

Una sola persona no puede lograrlo. Debemos fomentar una cultura de cuidado tanto personal y colectivo, en cuanto a salud física, mental y espiritual, que incluya estilos de vida saludables, empatía, compasión y una mayor conexión con los demás. Debe incluir trabajar para reducir las desigualdades y la discriminación, eliminando la acumulación de los recursos.

También debe ser una cultura de colaboración y cooperación, en la que todos trabajemos juntos hacia un objetivo común, en lugar de crear barreras.

Una persona no puede cambiar al mundo, pero todos trabajando alrededor de una idea renovadora podemos resolver los problemas del presente, cada uno desde su trinchera. Por eso decidí renunciar a la herencia. Los invito a todos a hacer lo mismo, a contribuir a crear un futuro mejor.

Renunciar a la herencia no es un sacrificio, sino el punto de partida para asegurar el futuro del mundo. Si todos nos unimos bajo este nuevo pensamiento, si nos deshacemos de los apegos que ligan el sentido de la vida a lo material, lograremos mayores oportunidades, mayor libertad y una mejor calidad de vida para todos. Al fin podremos construir una sociedad basada en el ser humano, poniendo primero su bienestar, con la tecnología como aliada, no como sustituto, y alcanzar el siguiente paso en nuestra evolución.

¿Qué estamos esperando? ¿Estamos listos para dejar un mejor planeta para las nuevas generaciones?

Apartado 6
La herencia, el enemigo del éxito

Muchos han defendido la herencia con el argumento de que es una forma legítima de pasar riqueza de una generación a otra, pero ya hemos visto que más bien es una forma de perpetuar la desigualdad económica y la corrupción. Sin embargo, lo que es indudable es que la herencia es un enemigo del éxito personal.

En mi experiencia, la herencia ha bloqueado el camino al éxito en varios aspectos. Siempre supe que no recibiría una gran herencia, pero como quiera eso era una distracción para mí. Al eliminar esa expectativa pude enfocarme en mí mismo para realizar mi visión.

La herencia es un enemigo del éxito porque nos hace depender de algo externo para alcanzar nuestras metas. En lugar de trabajar duro y esforzarnos por nuestros sueños, nos conformamos con esperar a heredar una gran suma de dinero o propiedad para ayudarnos a lograrlo. Esto nos impide desarrollar nuevas habilidades.

Además, la herencia también es un enemigo en términos de motivación. Cuando tenemos la ilusión de recibir una herencia, pero al final resulta que no recibiremos nada, es fácil caer en la mentalidad de "¿para qué trabajar duro si no me toca nada?", con los riesgos de caer en depresión o apatía.

De igual forma, si es seguro recibirla, pensamos "¿para qué trabajar duro, si ya tengo todo resuelto? Nos hace creer que no necesitamos esforzarnos para tener éxito. Si sabemos que heredaremos una gran suma de dinero o una propiedad valiosa, nos conformamos con no trabajar y dejarnos llevar por la corriente.

Esta mentalidad es peligrosa, y la única forma de romperla es desterrando la herencia, deshaciéndonos de esa ilusión y siendo conscientes que somos los únicos arquitectos de nuestras vidas.

En mi caso, renunciar a la herencia me ha permitido enfocarme en mi propio desarrollo y crecimiento. Me ha dado la motivación y el impulso para trabajar duro y construir mi propio futuro, en lugar de depender de algo que nunca recibiría.

Gracias a esto puedo tener una mentalidad más positiva y constructiva, al eliminar esta distracción. Es importante que seamos conscientes de estos efectos negativos y trabajemos para superar esta mentalidad de depender de la herencia para tener éxito. Los invito a reflexionar y tomar las riendas de su vida.

Palabras finales

Hoy, estamos frente a un momento decisivo en la historia de la humanidad. Podemos seguir aferrándonos a la herencia, a lo material, a perpetuar los patrones del pasado, sin el control de nuestros destinos y acabar en un futuro sin oportunidades, donde la evolución de la tecnología favorezca solo a los más privilegiados...

O, por el contrario, podemos renunciar a la herencia, adquiriendo la libertad para trabajar en las metas de cada uno, sin que eso signifique dejar de ver por el bien común, buscando la manera de ser dueños de la tecnología en favor de una verdadera evolución.

¿Qué pasará? Por lo pronto, le pregunte a una inteligencia artificial; esta es la conversación:.

Charla con una inteligencia artificial

Kiko Martz: Entonces, ¿la herencia ayuda o perjudica la evolución humana?

IA: La herencia puede tener un impacto tanto positivo como negativo en la evolución humana. En cuanto a la herencia económica y social, puede tener un impacto desproporcionado en la distribución de recursos y oportunidades, lo que puede limitar el acceso de algunas personas a la educación, el empleo y otros factores que son importantes para el desarrollo humano. Esto puede perpetuar ciclos de pobreza y desigualdad, y limitar el potencial de las personas para alcanzar su máximo desarrollo.

Kiko Martz: ¿Qué le espera a la humanidad en caso de no cambiar su pensamiento?

IA: Si la humanidad continúa pensando en términos de herencia y no cambia su enfoque hacia la construcción de un futuro más justo y equitativo, es probable que se enfrenten a consecuencias graves. La desigualdad económica y la corrupción seguirán siendo problemas prevalentes, lo que llevará a una mayor pobreza, hambre y violencia. El cambio climático seguirá siendo un problema cada vez más grave, ya que las personas no tendrán la motivación para tomar medidas para proteger el planeta. Además, la falta de acción para abordar estos problemas podría provocar una crisis humanitaria y una mayor polarización entre las naciones y las personas. Sin un cambio en nuestra forma de pensar, es probable que la humanidad continúe su camino hacia un futuro incierto y desesperanzador.

Kiko Martz: ¿Qué podemos esperar en caso de que la humanidad renuncie a la herencia?

IA: Si la humanidad renuncia a la herencia, podemos esperar una mayor igualdad económica y social, ya que las personas tendrían la oportunidad de ganar su propio dinero y construir su propio futuro, sin depender de una ventaja injusta heredada. También podemos esperar una reducción en la corrupción, ya que las grandes sumas de dinero heredadas a menudo se utilizan para sobornar a funcionarios y políticos. Además, podemos esperar una mayor movilidad social, ya que las personas no estarían encasilladas en ciertas posiciones debido a la herencia. A nivel global, podemos esperar una mejor distribución de la riqueza y una mayor oportunidad para las nuevas generaciones.

Y tú, ¿qué esperas?

¡Muchas gracias por leer!! En este libro, exploramos cómo la herencia es uno de los principales obstáculos para alcanzar el éxito. Mostramos cómo renunciar a la herencia puede liberar a las personas de las expectativas y las limitaciones impuestas por la sociedad, permitiéndoles alcanzar su verdadero potencial.

Ahora, te invito leer "El Patrón del Éxito" y unirte a la lucha contra la desigualdad económica y la corrupción.

Juntos podemos construir un futuro mejor para las nuevas generaciones y alcanzar nuestros propios objetivos personales. ¡Únete hoy y comienza tu camino hacia el éxito!

Sígueme en mis
REDES SOCIALES
@SOYKIKOMARTZ

@ELPATRONDELEXITO